CUIDADO. N

PELIGRO

MEJO

ESTE LIBRO.

LA **ESCUELA de MONSTRUOS**
HA ABIERTO
SUS PUERTAS.

SI SALES CORRIENDO, ¡SEGURO QUE ACIERTAS!

ESTE LIBRO
PERTENECE A

# APRENDE A LEER
- en la -
# ESCUELA de MONSTRUOS

Il·lustracions de **CHRIS KENNETT**

**SALLY RIPPIN**
Adaptación de **MAR BENEGAS**

## PEDOS COMO TRUENOS

Montena

HAY MONSTRUOS QUE SON MUY GRANDES ARTISTAS,

TOCAN Y BAILAN EN TEATROS Y PISTAS.

BERNARDO ES
UN MONSTRUO MUY
INTELIGENTE,

EL MEJOR EN MATES Y ARTE,
LE DICE LA GENTE.

ÉL TIENE UN
SECRETO QUE NUNCA
CONFIESA,

QUISIERA SER ACTOR, COMO LA TÍA TERESA.

EMPIEZA LA PRUEBA Y SE PONE NERVIOSO,

LE DUELE LA TRIPA
DE UN MODO
**GRANDIOSO**.

SE MUEVE Y SE AGITA, COMO UN GRAN TORPEDO,

Y, SIN DARSE CUENTA,
SE OYE UN
GRAN PEDO.

LE TOCA SU TURNO
AL MONSTRUO
BERNARDO,

SU TRIPA YA RUGE
COMO UN LEOPARDO.

SE ENCOGE, SE ASUSTA
Y MIRA HACIA EL
SUELO,

SE LE ESCAPA UN PEDO QUE SUENA HASTA EL CIELO.

BERNARDO, AGOBIADO, TOCA SU CABEZA,

¡SE ESCAPA OTRO PEDO QUE HUELE A CEREZA!

COMIENZA, CON
SUS PEDOS, UN GRAN
CONCIERTO,

BERNARDO, SIN DUDA, ES MÁS QUE UN EXPERTO.

ESTÁ AVERGONZADO
Y MUY PALIDUCHO,

PERO CIRO DICE:

—¡QUÉ GUAY!,

¡MOLA MUCHO!

LE SIGUE DICIENDO,
A SU BUEN AMIGO:

—ESTA OBRA ES MUY BUENA, ¡QUE CUENTEN CONTIGO!

—¡BERNARDO ES LA ESTRELLA! —GRITAN TODOS JUNTOS—.

MEJOR SI VOTAMOS: ¡SE LLEVA MIL PUNTOS!

—BERNARDO,
QUÉ RISA, ES TAN
DIVERTIDO.

—¡QUÉ BUENO ES TU ARTE CON SU GRAN SONIDO!

DOS MESES DESPUÉS LLEGA EL GRAN ESTRENO:

"EL MONSTRUO QUE SUENA: EL PEDO SIN FRENO".

EL TEATRO A TOPE,
AUNQUE FUERA
DILUVIA,

Y SU GRAN SECRETO:
¡COMER MUCHA
ALUBIA!

# APRENDE PALABRAS NUEVAS

PUERTAS

ACIERTAS

INTELIGENTE

ARTISTAS

PISTAS

LEOPARDO

ESTAS PALABRAS SALEN DESTACADAS EN NARANJA EN EL LIBRO. ¿YA LAS HAS APRENDIDO?

CONCIERTO

CONFIESA

GENTE

EXPERTO

GRANDIOSO

PEDO

TORPEDO

ESTRENO

PALIDUCHO

DIVERTIDO

SUELO

CABEZA

FRENO

CIELO

CEREZA

DILUVIA

MUCHO

ALUBIA

AMIGO

CONTIGO

JUNTOS

SONIDO

PUNTOS

# CÓMO USAR ESTE LIBRO

## ¡Aprende a leer en la Escuela de Monstruos!

Uno de los mayores placeres de los pequeños lectores es escuchar leer en voz alta a los mayores. Leer y contar cuentos es la mejor forma para que asocien los libros con una experiencia divertida, y es un momento perfecto para que se familiaricen con el lenguaje y aprendan a leer.

TRUCOS Y RECURSOS PARA GUIAR Y MEJORAR LA LECTURA

- Es recomendable comentar juntos y hacerles preguntas sobre qué ven en las imágenes para ayudarles a complementar la historia.
- Según avanzamos en la lectura, podemos ir siguiendo el texto con el dedo de izquierda a derecha, esto les ayuda a incorporar ese movimiento visual para aprender a leer.
- Para ayudarles a aprender las palabras que no conocen podemos indicarles el sonido de algunas letras. Es recomendable referirse

a las letras tal como suenan y no tal como se dicen. Es decir la "eme" será "m", no "eme".

- Podemos ir señalando las palabras destacadas en naranja para que se familiaricen con ellas y las integren en su vocabulario. Según vaya incrementándose su confianza, es conveniente hacer una pausa en las palabras destacadas para que las pronuncien sin ayuda.

- Luego podremos volver a practicar estas palabras usando la lista que se encuentra al final del libro.

Poco a poco los pequeños lectores se sentirán preparados para enfrentarse a la lectura de todo el libro sin ayuda. Incluso se atreverán a inventarse sus propias historias de monstruos. ¡Imaginación al poder!

**Sally Rippin** es una de las autoras infantiles más exitosas y apreciadas del mundo. Ha escrito más de 50 libros para niños y jóvenes, y ha obtenido numerosos premios por su escritura. Sus libros más conocidos son *Billie B Brown*, *Hey Jack!* y las series Polly y Buster. A Sally le gusta mucho escribir historias emotivas, así como personajes con los que se identifiquen tanto niños como padres y maestros.

WWW.SCHOOLOFMONSTERS.COM

# CÓMO DIBUJAR A BERNARDO

1. Usando un lápiz, empieza con dos circulitos para los ojos, añade cejas y una gran boca sonriente.

2. Añade 3 mechones de cabello, unas orejas con forma de ala de murciélago y los dientes.

3. Ahora dibuja unas líneas curvas para unir el pelo y las orejas. Agrega una forma sonriente para su barbilla y una barriga grande y redonda.

4. Dibuja una línea curva detrás de la cabeza para hacer el sombrero. Usa líneas rectas para hacer los pantalones y las mangas. Luego un cinturón curvo y una cola triangular.

5. Dibuja sus brazos, piernas, manos y botas. Usa una goma para quitar las líneas de sus pantalones.

6. ¡Es el momento de los detalles extras! Añade líneas para el cuello, la hebilla del pantalón y las mangas. ¡No olvides su pompón!

**Chris Kennett** lleva dibujando desde que es capaz de sostener un lápiz (o eso dice su madre). Profesionalmente, Chris ha estado dibujando personajes extravagantes durante los últimos 20 años. Es muy conocido por dibujar las criaturas extrañas y maravillosas de la saga de Star Wars, pero también le encanta dibujar monstruos tiernos y adorables, ¡y espera que tú también lo hagas!

# ESCUELA de MONSTRUOS

## ¿HAS LEÍDO TODOS LOS LIBROS DE LA COLECCIÓN?

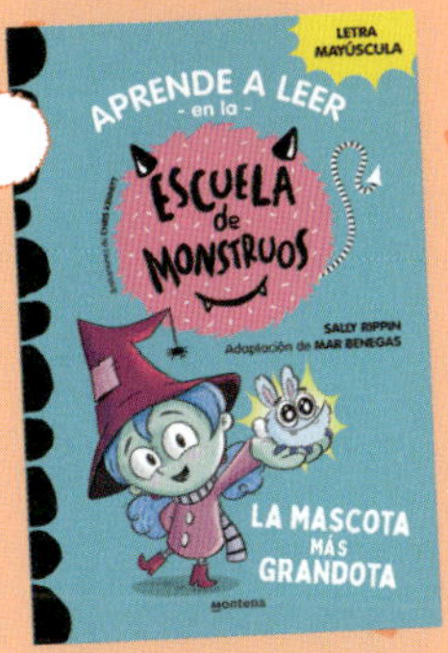
LETRA MAYÚSCULA
APRENDE A LEER
- en la -
ESCUELA de MONSTRUOS
SALLY RIPPIN
Adaptación de MAR BENEGAS
LA MASCOTA MÁS GRANDOTA
montena

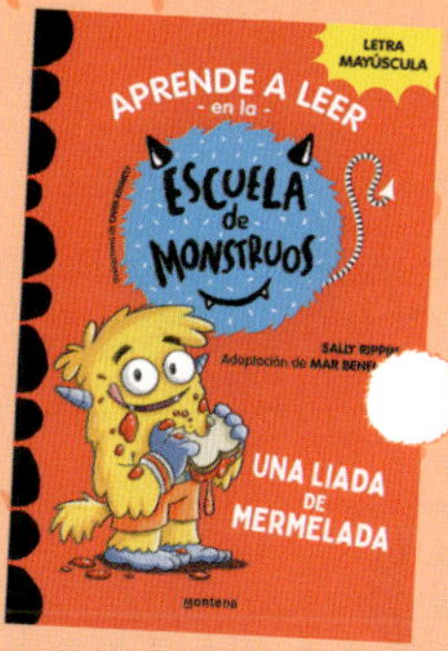
LETRA MAYÚSCULA
APRENDE A LEER
- en la -
ESCUELA de MONSTRUOS
SALLY RIPPIN
UNA LIADA DE MERMELADA
montena

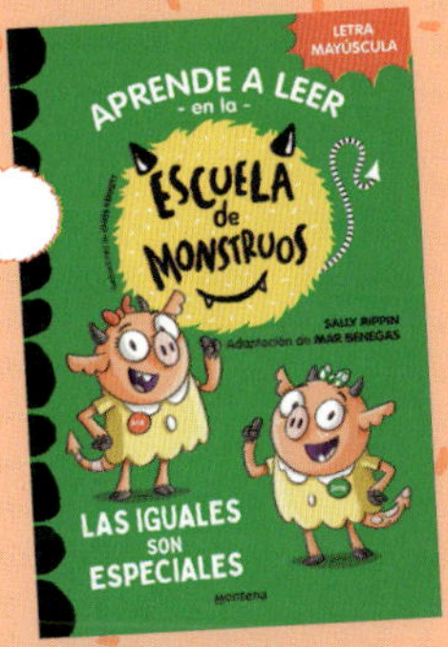
LETRA MAYÚSCULA
APRENDE A LEER
- en la -
ESCUELA de MONSTRUOS
SALLY RIPPIN
Adaptación de MAR BENEGAS
LAS IGUALES SON ESPECIALES
montena

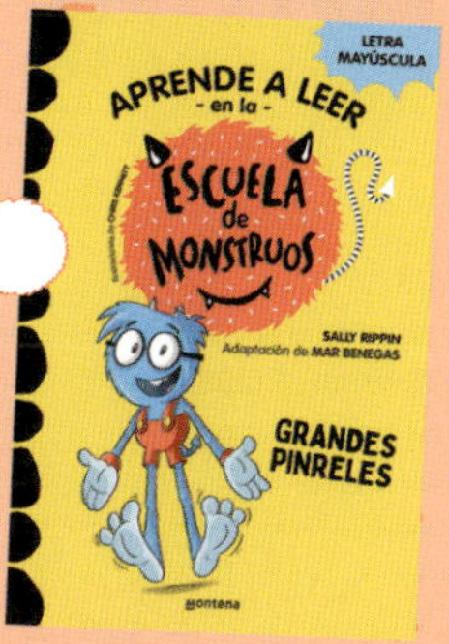
LETRA MAYÚSCULA
APRENDE A LEER
- en la -
ESCUELA de MONSTRUOS
SALLY RIPPIN
Adaptación de MAR BENEGAS
GRANDES PINRELES
montena

LETRA MAYÚSCULA
APRENDE A LEER
- en la -
ESCUELA de MONSTRUOS
SALLY RIPPIN
Adaptación de MAR BENEGAS
PASTELES VOLADORES DE COLORES
montena

LETRA MAYÚSCULA
APRENDE A LEER
- en la -
ESCUELA de MONSTRUOS
SALLY RIPPIN
Adaptación de MAR BENEGAS
TRASTADAS ALADAS
montena

LETRA MAYÚSCULA
APRENDE A LEER
- en la -
ESCUELA de MONSTRUOS
SALLY RIPPIN
Adaptación de MAR BENEGAS
PEDOS COMO TRUENOS
montena

LETRA MAYÚSCULA
APRENDE A LEER
- en la -
ESCUELA de MONSTRUOS
SALLY RIPPIN
EMOCIONES DE COLORES
montena

LETRA MAYÚSCULA
APRENDE A LEER
- en la -
ESCUELA de MONSTRUOS
SALLY RIPPIN
Adaptación de MAR BENEGAS
TORPÓN Y BONACHÓN
montena

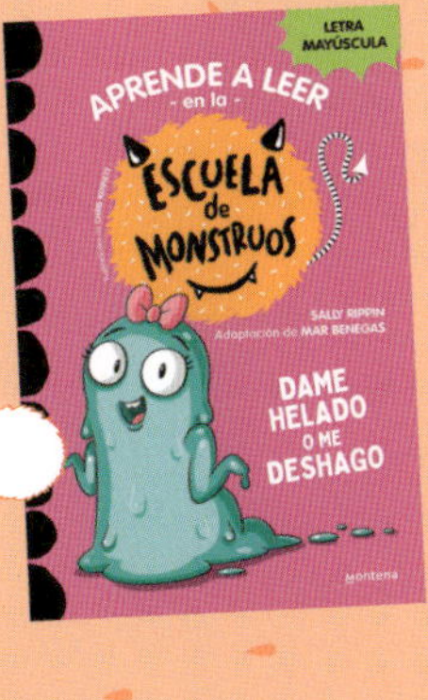
LETRA MAYÚSCULA
APRENDE A LEER
- en la -
ESCUELA de MONSTRUOS
SALLY RIPPIN
Adaptación de MAR BENEGAS
DAME HELADO O ME DESHAGO
montena

LETRA MAYÚSCULA
APRENDE A LEER
- en la -
ESCUELA de MONSTRUOS
SALLY RIPPIN
Adaptación de MAR BENEGAS
PRIMER DÍA, ¡QUÉ ALEGRÍA!
montena

Papel certificado por el Forest Stewardship Council®

MIXTO
Papel | Apoyando la silvicultura responsable
FSC® C117695

Penguin Random House Grupo Editorial

Título original: *William Is a Star*

Primera edición: septiembre de 2022
Séptima reimpresión: julio de 2023



*Printed in Spain* – Impreso en España

ISBN: 978-84-19085-67-2
Depósito legal: B-11.700-2022

Compuesto por: Marc Cubillas

Impreso en Soler Talleres Gráficos
Esplugues de Llobregat (Barcelona)

GT85672